Ii 16.
15.

LES

OMNIBUS DE PARIS

ET LEUR ALPHABET.

Li 16 15   1858

LES

OMNIBUS DE PARIS

ET LEUR ALPHABET

PAR

UN CONDUCTEUR *LETTRÉ* DE CETTE ADMINISTRATION.

———⟨◇⟩———

Air : *Pomaré, Maria* (de Pilati, pour Nadaud),

> O vous, petits et grands,
> Érudits, ignorants,
> Qui repoussez les noms
> Qu'aux omnibus aujourd'hui nous donnons (1);

> Qui n' voulez pas comprendre leur mérite,
> Et persistez, advienne que pourra,
> A nous parler *Hirondell'*, *Favorite*,
> *Parisienn'*, *Dam' blanche* et cætera;

Arrièr' ces mots usés,
Dont nous sommes blasés ;
En dépit d' vot' souci,
Le siècle marche, et nos voitur's aussi.

De vos regrets moi je viens vous distraire,
En mariant, historien loyal,
Notre alphabet à chaque itinéraire :
Ainsi, d'abord, près du Palais-Royal (2),

A pour Passy se prend.
B Chaillot—Saint-Laurent.
C du Louvre à Neuilly.
D va des Tern's au delà d' Franconi.

E les boul'vards. F Bastill'—Batignolle.
G du Jardin des plantes à Clichy (3).
H d'Odéon à barrièr' Blanche vole.
Du Panthéon jusqu'aux Martyrs, c'est l'I (4).

J Saint-Jacq'—Château-Rouge.
K la Chapell'—Montrouge.
L Sulpic'—canal d'Ourq (5).
M de Bell'ville à l'Étoil', hors faubourg.

N de Bell'ville à la Banque française (6).
O du Mont-Parnasse à Ménilmontant.
P d' la Bastill' jusqu'au Père-Lachaise.
Q du Palais-Royal au Trôn' se rend (7).

Roul', Charenton, ont **R** (8).
Bercy, Louvre, **S** vous sert.
T Gar' d'Ivry — Cadet (9).
U d' Saint'-Lorette aux Gob'lins tout d'un trait.

V *Maine* au Nord ; ce calembourg rappelle
Les deux départs. **X** Hâvre — Vaugirard.
Y la port' Saint-Martin à Grenelle.
Z Invalid's et Bastill' d'autre part (10).

Nous voilà bien fixés ,
Mais ce n'est point assez (11),
Voyons les rapproch'ments
Qu'à notre esprit offrent ces noms charmants.

Je vais choisir au hasard mon exemple.
Échantillon non moins vrai que plaisant,
Cet argument pourrait être plus ample ,
Mais pour convaincre il sera suffisant.

Pour les martyrs, les cieux ;
Or, en latin, messieurs,
Cieux, n'est-ce pas *cœli?*
Et l'omnibus pour les Martyrs , *c'est l'I.*

A Charenton, où c'est l'**R** qui vous mène ,
Les habitants de certaine maison
N'ont plus que *l'air* de notre espèce humaine ,
Qui n'est plus rien quand elle est sans raison.

1.

Reclus peu résignés,
Au cloître condamnés,
Qui, s'il leur est ouvert,
Sont bien joyeux de courir prendre l'**R**.

Voyez encor par la Mythologie
Cet autre choix évidemment dicté :
C'est par **I, J**, reflet d' l'ancienne Hygie,
Que l'on arrive à la ru' d' la Santé.

Au Pont-Neuf, comme l'eau,
On peut voir passer l'**O** (12).
Par un bon coude (**E, P**),
Au Pèr'-Lachaise on est sûr d'êt' campé.

Mais c'en est trop, car ma verve m'entraîne,
Et le sifflet va bientôt retentir.
N'attendons pas, de peur qu'on n' s'y méprenne.
Allons, cocher, en route, il faut partir (13).

Et vous que j'instruisis,
Prouvez par vos lazzis
Que ma leçon vous plaît.
Toujours on aime à le savoir...... *Complet !*

NOTES

---

(1)   Qu'aux omnibus aujourd'hui nous donnons.

On devine sans peine que le promoteur de notre no-
menclature alphabétique est éminemment un homme de
lettres.

---

(2)   Ainsi, d'abord, près du Palais-Royal.

Sur la place du Palais-Royal convergent et s'entre-
croisent un assez grand nombre de nos omnibus. Le lecteur qui voudra se les rappeler tous n'aura qu'à retenir
cette réponse supposée d'un philosophe, ennemi du jeu,
à une Grecque, nommée *Ixie : Ah ! chère Ixie, Grecque,*

j'ai assez d'écus. Cette phrase, ou plutôt l'impression qu'elle donne à notre oreille, si nous l'exprimons en majuscules, nous représente, en effet, tous les omnibus en question :

H, R, X, Y, G, A, C, D, Q.

———

(3)   **G** du Jardin des Plantes à Clichy.

Outre le **G**, l'**U** et le **T** conduisent aussi au Jardin des plantes. **U T G** (hutte et geai) réveillent tout naturellement dans l'esprit des Parisiens le souvenir de ce jardin.

Quant à Clichy, les omnibus qui y mènent sont les **G**. Ne peut-on pas dire que certains des voyageurs menés à Clichy n'ont été que trop *légers* eux-mêmes dans leur conduite, ou dans leurs spéculations ?

———

(4)   Du Panthéon jusqu'aux Martyrs, c'est l'**I**.

Cet omnibus part, à vrai dire, de Saint-Étienne, un peu au delà du Panthéon. Sans avoir jamais été *versé* dans une connaissance intime de la Vie des Saints, on sait généralement comment saint Étienne fut mis à mort. On comprend donc que l'omnibus de Saint-Étienne devait conduire nécessairement aux Martyrs.

Autre observation : les habitués de l'École de natation,

voisine du pont de la Concorde (Bains de Ligny), près de laquelle passe ce même omnibus. savent qu'à leur intention notre administration a fait écrire sur ses flancs : *Ligne* I.

Enfin le trajet de cet omnibus n'est pas absolument droit comme un I, mais le confortable de son intérieur permet de s'y trouver aussi chaudement installé, l'hiver, que dans un *nid,* et aussi fraîchement, l'été, que dans une *laiterie.*

———

(5)   L Sulpic' — Canal d'Ourq.

Sur la place Saint-Sulpice se rencontrent cinq de nos voitures : **L, O, H, I, Z**, ce qui produit cette phrase bizarre, un peu laconique, mais incontestable : *Aile au hachis aide;* sous-entendu : *à supporter la faim.*

———

(6)   N de Bell'ville à la Banque française.

Un de nos actionnaires, entrepreneur de démolitions, avait exprimé cette remarque, qu'à la place des victoires (du premier empire) Napoléon III avait préféré faire de Paris une belle ville. De là, m'a-t-on dit, l'affectation de la lettre **N**, désignation actuelle de Napoléon III, à la ligne de *Belleville à la place des Victoires,* bien voisine, comme chacun sait, de la Banque de France.

———

(7)   **Q** du Palais-Royal au Trôn' se rend.

Le Parisien, né badin, ne s'est pas fait faute de prendre le **Q**, avec une complaisance toute spéciale, comme objet de ses rapprochements mnémoniques. Sans être prude à l'excès, je n'oserais pas, quant à moi, me risquer sur ce terrain, et les gens sensés m'accorderont, je pense, que cette réserve n'est pas sans fondement.

———

(8)   Roul', Charenton, ont **R**.

Les voyageurs qui s'enrhument aisément feront bien de préférer l'intérieur de cette voiture à son impériale, où ils se trouveraient nécessairement entre deux **R**.

———

(9)   **T** Gar' d'Ivry — Cadet.

Cet omnibus reçoit les voyageurs qui nous viennent de la ville rendue célèbre par sa Pucelle et son vinaigre. Par une attention délicate, notre administration a voulu qu'ils pussent prendre le **T** en arrivant.

———

(10)   **Z** Invalid's et Bastill' d'autre part.

Il ne reste aux Invalides que bien peu des braves qui

prirent la Bastille. Ces rares débris se survivent en quelque sorte dans les héritiers de leur valeur, qui dirigent leurs pas tremblants; et ils ont, en effet, grand besoin de leurs aides. C'est cette observation qui aura fait désigner par leurs **Z** les voitures qui, parties de la Bastille, desservent la ligne des Invalides , ou, si l'on veut, les invalides de la ligne.

———

(11)   Mais ce n'est point assez.

Il ne faut jamais s'en tenir à la lettre. Un sage n'a-t-il pas dit : *La lettre tue, mais l'esprit vivifie?* Quelques exemples fort regrettables ne nous ont que trop prouvé que la première de ces deux assertions peut se vérifier facilement, quand on descend de nos impériales avec trop peu de précaution. Mon lecteur sera certain d'éviter ce désagrément s'il grave dans son souvenir, et surtout s'il met en pratique, les deux vers suivants :

> Pour aller sûrement par ce chemin étroit,
> Marchez à reculons, et partez du pied droit.

———

(12)   On peut voir passer l'o.

Remarquons , en effet, que, quel que soit son point de départ, l'**O** va toujours à la rivière.

———

(13)   Allons, cocher, en route, il faut partir.

Je multiplierais volontiers ces remarques et ces rapprochements, l'étude des *lettres* est quelque chose de si attrayant, et je ne suis, à vrai dire, qu'à l'**A B C** de mon sujet : je pourrais recommander au voyageur près **C** nos voitures **L E**, aussi promptes que l'**R**; lui demander s'il a jamais vu nos lignes **V G T**; lui signaler nos conducteurs **O Q P**, nos chefs de stations **A J T**, nos administrateurs **U P**, nos actions **O C**. Mais ce langage ne serait pas **M E** de tout le monde, et déjà, sans doute, plus d'un de mes lecteurs s'écrie que c'est **A C**. Je lui répondrai poliment par **A V**.

Paris.—Imprimé par E. Thunot et Cᵉ, 26, rue Racine.